NOUVEAU

MANUEL MUNICIPAL.

TOME II.

OUVRAGES DU MÊME AUTEUR

QUI SE TROUVENT CHEZ LE MÊME LIBRAIRE.

DES DROITS ET DEVOIRS DE LA MAGISTRATURE ET DU JURY.
DES LIBERTÉS GARANTIES PAR LA CHARTE.
DES ELECTIONS SELON LA CHARTE ET LES LOIS DU ROYAUME.
DES ABUS EN MATIÈRE ECCLÉSIASTIQUE. 4 vol. in-8°. Les prix des trois premiers est de 6 fr. chacun ; celui du quatrième est de 2 fr.
MANUEL DES OFFICIERS MUNICIPAUX, OU NOUVEAU GUIDE DES MAIRES, ADJOINTS ET CONSEILLERS MUNICIPAUX, suivi d'un formulaire de tous les actes d'administration et de police administrative et judiciaire, 1 gros vol. in-18, 2e édition. Prix 3 fr., et franc de port, 3 fr. 80 c.

Orléans, imprimerie d'ALPHONSE GATINEAU, rue Royale, 78.

NOUVEAU

MANUEL MUNICIPAL

OU

RÉPERTOIRE DES MAIRES,

ADJOINTS, CONSEILLERS MUNICIPAUX, COMMISSAIRES DE POLICE,
JUGES DE PAIX, PRÉFETS, CONSEILLERS GÉNÉRAUX,

ET

DES CITOYENS FRANÇAIS,

DANS LEURS RAPPORTS AVEC L'ADMINISTRATION, L'ORDRE JUDICIAIRE,
LES COLLÉGES ÉLECTORAUX, LA GARDE NATIONALE, L'ARMÉE, L'ADMINISTRATION FORESTIÈRE,
L'INSTRUCTION PUBLIQUE ET LE CLERGÉ;

CONTENANT L'EXPOSÉ COMPLET

DE LEURS DROITS ET DE LEURS DEVOIRS

SELON LA LÉGISLATION NOUVELLE, JUSQU'EN 1839;

SUIVI D'UN APPENDICE

Dans lequel se trouvent des Formules d'Arrêtés, Délibérations, Procès-Verbaux
et autres Actes d'administration et de police municipale.

PAR M. BOYARD,

PRÉSIDENT A LA COUR ROYALE D'ORLÉANS,
MEMBRE DU CONSEIL GÉNÉRAL DU LOIRET ET DE L'ORDRE DE LA LÉGION D'HONNEUR,
ANCIEN DÉPUTÉ.

DEUXIÈME ÉDITION.

TOME II.

PARIS,

A LA LIBRAIRIE ENCYCLOPÉDIQUE DE RORET,

RUE HAUTEFEUILLE, AU COIN DE CELLE DU BATTOIR.

1838.

NOUVEAU

MANUEL MUNICIPAL.

IMPASSE. — Celui qui est fermé est considéré comme propriété particulière, celui qui ne l'est pas fait partie de la voie publique. Les habitans sont dès-lors soumis aux mêmes obligations que ceux des rues; soit en ce qui concerne l'éclairage, le dépôt des matériaux, le balayage, etc., etc. S'il est ouvert de jour et fermé de nuit il est encore assimilé aux rues quand bien même il serait une propriété particulière. (Arrêt du 2 juin 1837.)

IMPOSITIONS EXTRAORDINAIRES. — Elles sont de trois espèces : 1°. celles que dans des besoins urgens le gouvernement est obligé de demander pour faire face à des dépenses imprévues, telles que les frais d'une guerre, ou de préparatifs de défense; elles doivent être payées selon les règles tracées par ceux qui les ordonnent;

2°. Celles que les communes réclament elles-mêmes pour faire face à des dépenses de la communauté; elles se perçoivent sur les contributions directes au centime le franc, après qu'elles ont été demandées par le conseil municipal et autorisées par le gouvernement sur l'avis des préfets. Il faut une loi pour les villes dont le revenu excède 100,000 francs; (Voyez *Contributions*, *Emprunt*.)

3°. Celles votées par les conseils généraux de département pour faire face à des dépenses d'utilité départementale. Voyez la loi sur les conseils généraux et celle sur les attributions municipales, art. 42. SUPPLÉMENT N°s II et III.

INCENDIES. §. 1er. L'autorité des maires en cas d'incendie est tellement étendue, qu'elle tient en quelque sorte de l'arbitraire; mais ce qu'elle pourrait avoir d'odieux est tempéré par la responsabilité qu'ils encourent. Ils peuvent, ils doivent donner des ordres à la police, aux pompiers, aux ouvriers; requérir la force publique pour maintenir l'ordre, garder les objets sauvés, arrêter les voleurs, qui ne manquent pas d'accourir et de profiter de la circonstance. Ils peuvent, par mesures de précaution, défendre aux habitans de fumer dans l'intérieur des bâtimens et sur les chemins qui les bordent. (Arrêt du 5 septembre 1812.)

Ils peuvent prendre des arrêtés pour défendre de reconstruire ou réparer les toits des maisons situées dans les bourgs ou villages avec de la paille ou des roseaux et autres matières combustibles; et les tribunaux de police doivent condamner les contrevenans, et même ordonner la démolition des ouvrages faits en contravention. (Arrêts des 23 avril 1819 et 29 décembre 1820.)

Les maires ont le droit de faire faire des rondes de nuit par les citoyens imposés, ou par la garde nationale dans les communes où elle est organisée, afin de prévenir les tentatives des incendiaires; et les tribunaux de police doivent punir les contrevenans, même lorsqu'ils prétendraient être dans des cas d'exception, l'autorité administrative étant seule compétente pour apprécier leurs excuses. (Arrêt du 22 juillet 1819.)

Si, malgré toutes leurs précautions, un incendie éclate, ils peuvent même violer le droit de propriété en faisant abattre des maisons ou parties de maisons, des bois, des champs de blé, pour empêcher le feu de s'étendre.

C'est donc pour un maire ou un adjoint un devoir impérieux de sa charge de prendre toutes les précautions qui peuvent garantir sa commune des incendies, qui sont souvent le résultat de la négligence; il doit surveiller les pompes, réservoirs, les seaux à incendies et les machines destinées à arrêter l'action du feu. Ils doivent surtout veiller à ce que ceux des habitans, qui, par état, sont obligés de serrer chez eux des matières combustibles, tiennent ces marchandises en des lieux écartés des cheminées, fours, fourneaux.

Défendre d'entrer dans les écuries, bergeries, granges, greniers à fourrages, bûchers et autres bâtimens où se trouvent des pailles et du bois, avec des lumières qui ne seraient pas dans des lanternes bien closes.

Ils doivent défendre aussi aux fermiers, aubergistes, d'avoir dans leurs écuries, remises et autres bâtimens où sont des fourrages, des lanternes à claire-voie, des lampes ou chandelles, de quelque manière qu'elles soient placées.

§. 2. Le maire fait tous les ans la visite des fours et cheminées de toutes les maisons et bâtimens éloignés de moins de cent toises des autres habitations; il empêche qu'il soit allumé du feu dans les champs, à moins de cent mètres des bois, dans la loi. Elle n'a pas voulu qu'on pût infliger une peine à un insensé; mais elle n'a pas défendu qu'on le mît en liberté, s'il peut prouver qu'il a recouvré ses facultés intellectuelles : un maire qui serait requis de constater la réclamation faite par un individu interdit pour démence, devrait donc en dresser procès-verbal, et le remettre à l'autorité judiciaire, qui seule pourrait statuer sur cette réclamation. Le refus serait un acte arbitraire. Les chambres s'occupent d'une nouvelle loi sur cette matière; elle sera mise à la fin du volume si elle paraît avant la publication de cette édition. (Voyez *Furieux.*)

INSPECTEURS PRIMAIRES. — Les inspecteurs de l'instruction primaire ont été créés par ordonnance du 26 février 1835. Leur surveillance s'exerce sur tous les établissemens d'instruction primaire, y compris les salles d'asile et les classes d'adultes, et ce, conformément aux instructions qui leur sont données par le recteur de l'académie et par le préfet du département, d'après les ordres du ministre de l'instruction publique; mais ils n'ont aucune surveillance sur les comités locaux et d'arrondissement.

Ils doivent au contraire leur faire des rapports, les consulter avec déférence. Il est bon de rapporter ici quelques-uns des passages d'une instruction ministérielle du 13 septembre 1835.

« Aux termes de l'art. 1er du statut du 27 février, vos premières « relations seront avec les comités. Je ne saurais trop vous « recommander de prendre soin que vos communications avec « eux ne soient pas à leurs yeux une pure et vaine formalité. « Appliquez-vous à les convaincre de l'importance que l'admi- « nistration supérieure attache à leur intervention; et, pour y « réussir, recueillez avec soin et ne laissez jamais tomber dans « l'oubli les renseignemens qu'ils vous fourniront.

« Vous rencontrerez presque toujours dans chaque comité un « ou deux membres qui se seront plus soigneusement occupés « des écoles et y porteront un zèle particulier...; recherchez « avec soin de tels hommes, honorez leur zèle, demandez-leur « de vous accompagner dans les écoles, ne négligez rien pour « les convaincre de la reconnaissance que leur porte l'adminis- « tration. Ce serait de sa part un tort grave de ne pas savoir « attirer et grouper autour d'elle les hommes d'une bonne « volonté active et désintéressée.

« Je vous recommande dans vos relations avec les maîtres, au « sein même de l'école, de ne rien faire et de ne rien dire qui « puisse altérer le respect ou la confiance que leur porte les « élèves. Nourrir et développer ces sentimens doit être le but « principal de l'éducation et de tous ceux qui y concourent.

« Recueillez sur les maîtres tous les renseignemens, donnez-leur « à eux-mêmes en particulier tous les avertissemens qui vous « paraîtront nécessaires, mais qu'à votre sortie de l'école, le « maître ne se sente jamais affaibli ou déchu dans l'esprit de ses « élèves et de leurs parens. »

Telles sont les instructions générales. C'est dans cet esprit que tous les inspecteurs doivent agir, et l'autorité locale doit informer l'autorité supérieure des faits qui s'éloigneraient de cet esprit de sagesse et de convenance. Le maire n'a point à s'occuper personnellement du travail de l'inspecteur, il peut l'accompagner ou le laisser agir seul; il n'a aucune observation à lui faire sur la manière dont il remplit ses fonctions; mais il peut communiquer ses observations soit au comité local, soit au comité d'arrondissement, soit même au préfet s'il leur accorde assez d'importance pour motiver une telle démarche. Dans ce dernier cas, elles seraient transmises par cet administrateur soit au ministre soit au recteur de l'académie sous la direction duquel est placé l'inspecteur des écoles primaires.

Une ordonnance du 1er janvier 1838 décide, qu'il y aura dans chaque département désigné dans un tableau annexé, au moins un sous-inspecteur, particulièrement chargé de l'instruction primaire dans un ou plusieurs arrondissemens de sous-préfecture. Cet employé doit correspondre directement avec l'inspecteur qui transmet les rapports au préfet ou au recteur avec ses observations. Cela est d'autant plus convenable que l'art. 2 de cette ordonnance porte que l'inspecteur pourra toutefois être envoyé, s'il y a lieu, dans tous les arrondissemens, soit par le préfet, soit par le recteur de l'académie, sans cela il n'y aurait plus d'unité dans la surveillance, et la création des sous-inspecteurs entraverait plutôt qu'elle ne faciliterait l'exécution de la loi.

INSTRUCTION PUBLIQUE. — Il n'est rien qui soit plus digne de la sollicitude d'une administration paternelle que l'instruction de la jeunesse. C'est par elle qu'on dirige l'homme depuis le berceau jusqu'à la tombe : religion, piété filiale, vie civile et politique, tout dépend de l'instruction première. L'instruction réforme les penchans vicieux; l'ignorance les fortifie, elle fait même dégénérer les meilleures qualités en vices. Les pères de famille, en se séparant de ce qu'ils ont de plus cher, ont donc le droit d'attendre de ceux qui surveillent l'instruction publique, tout ce qu'ils devraient faire eux-mêmes s'ils étaient libres de donner leurs soins à l'éducation de leurs enfans.

Il fut un temps où le gouvernement, uniquement occupé de satisfaire ses penchans belliqueux, s'empara de l'éducation publique, et l'organisa selon l'esprit despotique qui l'emportait; la France marchait alors à grands pas vers la barbarie; et le pouvoir du sabre ayant déjà partout remplacé celui de la loi, il s'opérait dans les mœurs une révolution nouvelle, qui eût reporté l'Europe au moyen âge, s'il était donné aux hommes de faire reculer les siècles.

A ces temps de gloire pour les uns, d'abaissement pour les autres, succéda, en 1814, un système diamétralement opposé. On essaya de transformer en ultramontains les générations dont on avait voulu ne faire que des soldats. Mais

Louis XVIII résista d'abord avec énergie aux efforts d'un parti qui compromettait sa couronne en ayant l'air de la défendre. Ce monarque proclama, dans son ordonnance du 17 février 1815, la nécessité d'une bonne éducation *nationale*. Il fit plus, il donna un million sur sa liste civile pour le service de l'instruction publique, mais il fut plus tard entraîné par le parti anti-national.

La puissance royale fut méconnue par ceux qui prétendaient en être les plus fidèles appuis; une secte impie voulut dominer au nom de la religion, et, saisissant à rebours le plan que le despotisme avait créé, elle se flattait d'arrêter tout ce qu'il avait mis en mouvement, d'élever tout ce qu'il avait plié sous le joug. L'exagération et l'absurdité d'un tel système ne permettaient pas qu'il pût se soutenir, il fut également renversé.

Il reste maintenant à la France une loi en deux lignes, qui sert de base à une institution sans stabilité, sans force, sans dignité; mais elle possède un corps enseignant digne de sa mission. Elle a la volonté fixe, immuable de répandre l'instruction dans toutes les classes; ce qui sera plus fort que tous les obstacles qui ont été suscités pendant quinze ans. Voyons si les réglemens en vigueur répondent aux besoins de l'époque. Il suffit de les analyser pour montrer aux administrateurs et aux pères de famille ce qui leur reste à faire.

Les décrets des 17 mars 1808, 10 mai suivant, 2 mai 1811 et 15 novembre même année, ont été entièrement refondus dans les ordonnances survenues sur l'université; et ces ordonnances elles-mêmes ayant été modifiées les unes par les autres, il serait très-difficile de bien connaître l'institution de l'université, si l'on en cherchait les fondemens épars dans le Bulletin des lois: nous nous proposons d'extraire, de ce vaste dépôt, les dispositions qui ne sont pas encore abrogées, et d'y joindre les documens officiels qui expliquent le sens des décrets et ordonnances en vigueur.

§. Ier. *De l'Université.*

L'université se divise en vingt-six académies dont le ressort est le même que celui des cours royales.

Les écoles de divers degrés sont classées ainsi qu'il suit:

1°. *Les facultés* qui ont pour objet l'enseignement spécial des connaissances nécessaires aux différentes professions lettrées, et la collation des grades qui attestent le degré d'instruction obtenu dans ces diverses connaissances. Elles se divisent en cinq ordres, savoir: *faculté de théologie*, *faculté de droit*, *faculté de médecine*, *faculté des sciences*, *faculté des lettres*;

2°. Les colléges où l'on enseigne les élémens des lettres, de l'histoire, de la philosophie, des sciences mathématiques et physiques, et qui se distinguent en *colléges royaux*, *colléges communaux et colléges particuliers*;

3°. *Les institutions et pensions* qui sont tenues par des maîtres particuliers, et qui se divisent en institutions et pensions ordinaires;

4°. *Les écoles primaires*, où l'on enseigne la lecture, l'écriture et les élémens du calcul, de la langue française, de la géographie, du dessin linéaire et de la musique. Elles se partagent en écoles de premier, deuxième et troisième degré, suivant que l'enseignement y est plus ou moins étendu.

Les maires et les conseils municipaux n'ont aucun rapport avec les facultés; ou s'ils en ont, cela tient à la haute administration. Les colléges royaux ou communaux ne les regardent que sous le rapport des sacrifices que font les communes pour élever ou pour maintenir ces établissemens. Les institutions et pensions les occupent encore moins. On trouvera plus bas ce qui concerne les colléges; occupons-nous ici des *écoles primaires*, sur lesquelles l'administration municipale peut avoir une si grande influence. Cela est d'autant plus important, que cette matière est toute nouvelle pour le plus grand nombre des personnes qui sont appelées à surveiller ou à diriger l'instruction primaire. Voici ce que décide la loi du 28 juin 1833.

De l'Instruction primaire et de son objet.

Art. 1er. L'instruction primaire est élémentaire ou supérieure.

L'instruction primaire élémentaire comprend nécessairement l'instruction morale et religieuse (1) la lecture, l'écriture, les élémens de la langue française et du calcul, le système légal des poids et mesures (2).

L'instruction primaire supérieure comprend nécessairement, en outre, les élémens de la géométrie et ses applications usuelles, spécialement le dessin linéaire et l'arpentage, des notions des sciences physiques et de l'histoire naturelle applicables aux usages de la vie, le chant, les élémens de l'histoire et de la géographie, et surtout de l'histoire et de la géographie de la France (3).

Selon les besoins et les ressources des localités, l'instruction primaire pourra recevoir les développemens qui seront jugés convenables.

Art. 2. Le vœu des pères de famille sera toujours consulté et suivi en ce qui concerne la participation de leurs enfans à l'instruction religieuse.

Art. 3. L'instruction primaire est ou privée ou publique.

§. II. *Des Écoles primaires privées.*

Art. 4. Tout individu âgé de dix-huit ans accomplis pourra exercer la profession d'instituteur primaire et diriger tout établissement quelconque d'instruction primaire, sans autres conditions que de présenter préalablement au maire de la commune où il voudra tenir école,

1°. Un brevet de capacité obtenu, après examen, selon le degré de l'école qu'il veut établir;

2°. Un certificat constatant que l'impétrant est digne, par sa moralité, de se livrer à l'enseignement. Ce certificat sera délivré, sur l'attestation de trois conseillers municipaux, par le maire de la commune ou de chacune des communes où il aura résidé depuis trois ans.

Art. 5. Sont incapables de tenir école,

1°. Les condamnés à des peines afflictives ou infamantes;

2°. Les condamnés pour vol, escroquerie, banqueroute, abus de confiance ou attentat aux mœurs, et les individus qui auront été privés par jugement de tout ou partie des droits de famille mentionnés aux paragraphes 5 et 6 de l'art. 42 du Code pénal (4);

---

(1) L'*instruction religieuse* dont parle cet article ne doit pas être confondue avec certaines pratiques de dévotion que les maîtres d'école imposent à leurs élèves; il s'agit ici du catéchisme, de l'évangile, de l'histoire sainte, ou pour mieux dire de quelques notions élémentaires sur l'histoire sainte. Le rapporteur de la loi a fort bien établi la distinction que nous faisons ici : « La direction des pratiques religieuses demeure exclusivement réservée aux « ministres de chaque culte, mais la partie morale, la partie historique de « l'instruction religieuse forment une des branches essentielles de tout ensei- « gnement civil. » Au surplus, l'art. 2 est une garantie suffisante pour les pères de famille; l'autorité municipale peut à cet égard recevoir les plaintes des parens et les transmettre soit au sous-préfet, soit aux comités créés par les art. 17, 18 et 21.

(2) Le système *légal* des poids et mesures. Ce mot *légal* est d'une grande portée, quoiqu'il soit passé presque inaperçu dans la discussion. *Légal* ne veut pas dire *usuel*, bien que les mesures *usuelles* paraissent légales : ce mot veut dire établi par la loi. Et quoique des décrets, des ordonnances aient dérogé à la loi (voyez *poids et mesures*), le législateur, qui ne peut point sanctionner ces dérogations, n'a voulu parler que du système créé par lui, et nullement du système bâtard auquel on a eu recours en raison de l'ignorance des petits commerçans et des habitans des campagnes. On ne peut qu'applaudir à la résolution prise par le gouvernement et par les chambres de généraliser la mesure à partir de 1840.

(3) Cette instruction primaire supérieure doit combler la lacune qui existe entre l'instruction des colléges et celle des écoles. Ce sera l'épreuve de capacité pour arriver à l'instruction la plus élevée.

(4) L'incapacité prononcée contre les condamnés pour vol, escroquerie, banqueroute, abus de confiance ou attentat aux mœurs n'est point restrictive; tout homme condamné pour d'autres délits, tels que complicité d'avortement ou

3°. Les individus interdits en exécution de l'art. 7 de la présente loi.

Art. 6. Quiconque aura ouvert une école primaire en contravention à l'art. 5, ou sans avoir satisfait aux conditions prescrites par l'art. 4 de la présente loi, sera poursuivi devant le tribunal correctionnel du lieu du délit, et condamné à une amende de cinquante à deux cents francs : l'école sera fermée.

En cas de récidive, le délinquant sera condamné à un emprisonnement de quinze à trente jours et à une amende de cent à quatre cents francs.

Art. 7. Tout instituteur privé, sur la demande du comité mentionné dans l'article 19 de la présente loi ou sur la poursuite d'office du ministère public, pourra être traduit, pour cause d'inconduite ou d'immoralité, devant le tribunal civil de l'arrondissement, et être interdit de l'exercice de sa profession à temps ou à toujours.

Le tribunal entendra les parties et statuera sommairement en chambre du conseil. Il en sera de même sur l'appel, qui devra être interjeté dans le délai de dix jours, à compter du jour de la notification du jugement, et qui, en aucun cas, ne sera suspensif.

Le tout sans préjudice des poursuites qui pourraient avoir lieu pour crimes, délits ou contraventions prévus par les lois.

§. III. — *Des Ecoles primaires publiques.*

Art. 8. Les écoles primaires publiques sont celles qu'entretiennent en tout ou en partie les communes, les départemens ou l'Etat (1).

Art. 9. Toute commune est tenue, soit par elle-même, soit en se réunissant à une ou plusieurs communes voisines, d'entretenir au moins une école primaire élémentaire.

Dans le cas où les circonstances locales le permettraient, le ministre de l'instruction publique pourra, après avoir entendu le conseil municipal, autoriser, à titre d'écoles communales, des écoles plus particulièrement affectées à l'un des cultes reconnus par l'Etat.

Art. 10. Les communes, chefs-lieux de département, et celles dont la population excède six mille âmes, devront avoir en outre une école primaire supérieure.

Art. 11. Tout département sera tenu d'entretenir une école normale primaire, soit par lui-même, soit en se réunissant à un ou plusieurs départemens voisins.

Les conseils généraux délibéreront sur les moyens d'assurer l'entretien des écoles normales primaires. Ils délibéreront également sur la réunion de plusieurs

---

d'exposition d'enfant, émission d'écrits ou de gravures obscènes, coups portés avec préméditation, complicité de tous les faits dont parle l'article, et beaucoup d'autres qu'il est inutile de déterminer, tout homme, dans un de ces cas, doit être rejeté comme indigne par sa moralité de se livrer à l'enseignement. La faculté donnée par le n° 2 de l'art. 4, explique le sens du n° 2 de l'art. 5; elle donne du moins un moyen de repousser tout individu qui aurait été frappé d'une de ces condamnations que l'on considère comme une tache, quand bien même il n'y aurait pas de délit. Le §. 2 parle d'attentat aux mœurs. C'est une méprise, l'attentat aux mœurs ne peut pas donner lieu à une condamnation, car il n'est pas puni par la loi. L'art. 330 du Code pénal qu'on avait en vue ne punit que l'outrage public à la pudeur et non l'attentat aux mœurs. Cependant il n'est pas douteux que toute personne qui aurait favorisé la prostitution, ou qui se serait prostituée elle-même, devrait être repoussée non pas par l'art. 5, mais par l'art. 4, ce qui revient au même. (L'art. 7 ci-après vient à l'appui de ce que nous venons de dire, et répare ce qu'il y a de défectueux dans celui que nous venons d'examiner.)

(1) Les mots en tout *ou en partie* ne s'appliquent point au secours que reçoivent certaines écoles privées soutenues par les communes; le ministre de l'instruction publique l'a formellement reconnu dans la discussion, en repoussant un amendement de M. Falgerolles en faveur des écoles privées. Elles ne perdent pas ce caractère lorsqu'elles reçoivent une subvention à titre de secours.

départemens pour l'entretien d'une seule école normale. Cette réunion devra être autorisée par ordonnance royale.

ART. 12. Il sera fourni à tout instituteur communal,

1°. Un local convenablement disposé, tant pour lui servir d'habitation que pour recevoir les élèves;

2°. Un traitement fixe, qui ne pourra être moindre de deux cents francs pour une école primaire élémentaire, et de quatre cents francs pour une école primaire supérieure.

ART. 13. A défaut de fondations, donations ou legs, qui assurent un local et un traitement, conformément à l'article précédent, le conseil municipal délibérera sur les moyens d'y pourvoir.

En cas d'insuffisance des revenus ordinaires pour l'établissement des écoles primaires communales élémentaires et supérieures, il y sera pourvu au moyen d'une imposition spéciale, votée par le conseil municipal, ou, à défaut du vote de ce conseil, établie par ordonnance royale. Cette imposition, qui devra être autorisée chaque année par la loi de finances, ne pourra excéder trois centimes additionnels au principal des contributions foncière, personnelle et mobilière (1).

Lorsque des communes n'auront pu, soit isolément, soit par la réunion de plusieurs d'entre elles, procurer un local et assurer le traitement au moyen de cette contribution de trois centimes, il sera pourvu aux dépenses reconnues nécessaires à l'instruction primaire, et, en cas d'insuffisance des fonds départementaux, par une imposition spéciale, votée par le conseil général du département, ou, à défaut du vote de ce conseil, établie par ordonnance royale. Cette imposition, qui devra être autorisée chaque année par la loi de finances, ne pourra excéder deux centimes additionnels au principal des contributions foncière, personnelle et mobilière.

Si les centimes ainsi imposés aux communes et aux départemens ne suffisent pas aux besoins de l'instruction primaire, le ministre de l'instruction publique y pourvoira au moyen d'une subvention prélevée sur le crédit qui sera porté annuellement pour l'instruction primaire au budget de l'Etat.

Chaque année il sera annexé, à la proposition du budget, un rapport détaillé sur l'emploi des fonds alloués pour l'année précédente.

ART. 14. En sus du traitement fixe, l'instituteur communal recevra une rétribution mensuelle dont le taux sera réglé par le conseil municipal, et qui sera perçue dans la même forme et selon les mêmes règles que les contributions publiques directes. Le rôle en sera recouvrable, mois par mois, sur un état des élèves certifié par l'instituteur, visé par le maire, et rendu *exécutoire par le sous-préfet* (2).

---

(1) D'après la loi des finances de 1836, les centimes sont réduits à deux centimes et demi pour les communes, et un centime pour les départemens, mais on y ajoute les *portes et fenêtres* et *patentes*.

(2) Cet article serait d'une extrême rigueur si on l'exécutait à la lettre, et si le mot exécutoire avait ici la même force que dans son acception judiciaire. La loi n'avait certainement en vue que les personnes qui se refuseraient au paiement, à quoi bon un rôle exécutoire contre les parens qui paient bénévolement? Ce rôle sera un épouvantail pour beaucoup de parens qui, n'étant pas assez sûrs de leurs revenus pour avoir de quoi payer à jour fixe, prendront prétexte de cette circonstance pour ne pas envoyer leurs enfans au maître d'école. On concevrait cette rigueur de l'article si la loi obligeait tout père de famille à payer; mais elle n'oblige que ceux qui veulent envoyer leurs enfans; il s'ensuit qu'on ne portera au rôle exécutoire que ceux qui voudront y être portés. Il eût été beaucoup plus judicieux de rédiger l'article en ce sens que le rôle devrait être dressé contre tous les parens qui seraient en retard de payer la rétribution. Il doit être permis implicitement à l'instituteur de prendre des arrangemens avec les parens, soit sur les termes, soit sur le mode de paiement. Nul doute qu'avant qu'il soit long-temps la loi sera entendue et exécutée en ce sens. Les paroles du ministre de l'instruction publique à la chambre des

Le recouvrement de la rétribution ne donnera lieu qu'au remboursement des frais par la commune, sans aucune remise au profit des agens de la perception.

Seront admis gratuitement, dans l'école communale élémentaire, ceux des élèves de la commune, ou des communes réunies, que les conseils municipaux auront désignés comme ne pouvant payer aucune rétribution.

Dans les écoles primaires supérieures, un nombre de places gratuites, déterminé par le conseil municipal, pourra être réservé pour les enfans qui, après concours, auront été désignés par le comité d'instruction primaire, dans les familles qui seront hors d'état de payer la rétribution.

ART. 15. Il sera établi, dans chaque département, une caisse d'épargne et de prévoyance en faveur des instituteurs primaires communaux.

Les statuts de ces caisses d'épargne seront déterminés par des ordonnances royales. (Voyez celle du 29 mars 1858.)

Cette caisse sera formée par une retenue annuelle d'un vingtième sur le traitement fixe de chaque instituteur communal. Le montant de la retenue sera placé au compte ouvert au trésor royal pour les caisses d'épargne et de prévoyance; les intérêts de ces fonds seront capitalisés tous les six mois. Le produit total de la retenue exercée sur chaque instituteur lui sera rendu à l'époque où il se retirera, et, en cas de décès dans l'exercice de ses fonctions, à sa veuve ou à ses héritiers.

Dans aucun cas il ne pourra être ajouté aucune subvention, sur les fonds de l'Etat, à cette caisse d'épargne et de prévoyance; mais elle pourra, dans les formes et selon les règles prescrites pour les établissemens d'utilité publique, recevoir des dons et legs dont l'emploi, à défaut de dispositions des donateurs ou des testateurs, sera réglé par le conseil général.

ART. 16. Nul ne pourra être nommé instituteur communal s'il ne remplit les conditions de capacité et de moralité prescrites par l'article 4 de la présente loi, ou s'il se trouve dans un des cas prévus par l'article 5.

ART. 17. Il y aura près de chaque école communale un comité local de surveillance composé du maire ou adjoint, président, du curé ou pasteur, et d'un ou plusieurs habitans notables désignés par le comité d'arrondissement (1).

Dans les communes dont la population est répartie entre différens cultes reconnus par l'Etat, le curé ou le plus ancien des curés, et un des ministres de chacun des autres cultes désignés par son consistoire, feront partie du comité communal de surveillance.

Plusieurs écoles de la même commune pourront être réunies sous la surveillance du même comité.

Lorsqu'en vertu de l'article 9, plusieurs communes se sont réunies pour en-

---

députés laissent apercevoir que telle est son intention. Il a dit : « Il peut arriver que des parens pourraient faire un accommodement pour quelques « boisseaux de blé, ou telle autre denrée, et donner les premiers élémens de « l'instruction à leurs enfans. Voilà dans quel sens j'ai entendu l'article. »

Dans ce cas, les enfans ne seraient pas portés sur le rôle, ce qui produirait le plus mauvais effet, et ne tarderait pas à donner lieu à des abus.

(1) Ce comité composé d'un officier civil, d'un prêtre et d'un citoyen, sera rarement d'accord. C'est un inconvénient grave. Il serait convenable de ne jamais se borner à désigner un seul notable; l'art. 17 dit *un* ou *plusieurs*, il faudrait en désigner au moins trois. Au surplus, si les dissentimens entre l'autorité civile et le clergé devenaient fâcheux et embarrassans, il suffit de se reporter au dernier alinéa de cet article pour trouver un moyen de les terminer. La dissolution et le remplacement par un comité spécial dans lequel *personne ne sera compris de droit*, est un avertissement énergique qui doit porter les membres des comités ordinaires à s'entendre et à se faire de mutuelles concessions. (V. art. 20 et la note.)

Il est inutile de dire que les membres des comités ne sont point soumis au serment; la motion en avait été faite, mais elle fut écartée par la chambre.

tretenir une école, le comité d'arrondissement désignera, dans chaque commune, un ou plusieurs habitans notables pour faire partie du comité. Le maire de chacune des communes fera en outre partie du comité.

Sur le rapport du comité d'arrondissement, le ministre de l'instruction publique pourra dissoudre un comité local de surveillance et le remplacer par un comité spécial, dans lequel personne ne sera compris de droit.

Art. 18. Il sera formé dans chaque arrondissement de sous-préfecture un comité spécialement chargé de surveiller et d'encourager l'instruction primaire.

Le ministre de l'instruction publique pourra, suivant la population et les besoins des localités, établir dans le même arrondissement plusieurs comités dont il déterminera la circonscription par cantons isolés ou agglomérés.

Art. 19. Sont membres des comités d'arrondissement :

Le maire du chef-lieu ou le plus ancien des maires du chef-lieu de la circonscription ;

Le juge de paix ou le plus ancien des juges de paix de la circonscription ;

Le curé ou le plus ancien des curés de la circonscription ;

Un ministre de chacun des autres cultes reconnus par la loi, qui exercera dans la circonscription, et qui aura été désigné comme il est dit au second paragraphe de l'article 17.

Un proviseur, principal de collége, professeur, régent, chef d'institution, ou maître de pension, désigné par le ministre de l'instruction publique, lorsqu'il existera des colléges, institutions ou pensions dans la circonscription du comité ;

Un instituteur primaire, résidant dans la circonscription du comité, et désigné par le ministre de l'instruction publique ;

Trois membres du conseil d'arrondissement ou habitans notables désignés par ledit conseil ;

Les membres du conseil général du département qui auront leur domicile réel dans la circonscription du comité.

Le préfet préside, de droit, tous les comités du département, et le sous-préfet tous ceux de l'arrondissement ; le procureur du roi est membre, de droit, de tous les comités de l'arrondissement.

Le comité choisit tous les ans son vice-président et son secrétaire ; il peut prendre celui-ci hors de son sein. Le secrétaire, lorsqu'il est choisi hors du comité, en devient membre par sa nomination.

Art. 20. Les comités s'assembleront au moins une fois par mois. Ils pourront être convoqués extraordinairement sur la demande d'un délégué du ministre : ce délégué assistera à la délibération.

Les comités ne pourront délibérer s'il n'y a au moins *cinq membres présens* pour les comités d'arrondissement, et *trois pour les comités communaux ;* en cas de partage, le président aura voix prépondérante (1).

---

(1) Que faire lorsqu'il y aura moins de cinq membres ? Quel moyen de se compléter ? Cette question est assez difficile à résoudre, car la loi ne donne aucun moyen de contrainte ; elle s'en rapporte au zèle de chacun ; elle étend le nombre des appelés de manière à faire croire qu'il y aura toujours cinq membres présens ; mais le fait peut démentir la présomption : dans ce cas, il n'y a pas d'autre parti à prendre que de dresser procès-verbal contre la défaillance, et d'ajourner la séance, afin que le président puisse avertir les absens du résultat de leur absence.

L'embarras est plus grand encore dans les communes où il ne faut cependant que 3 membres. Il suffit que le maire et le curé soient mal ensemble pour rendre toute réunion impossible ou pour que la réunion, fût-elle complète, ne produise aucun bien. En cas de partage, dit l'article, le président aura voix prépondérante ; mais il ne peut y avoir partage entre 5 ou 3 personnes, c'est seulement dans la délibération où les membres sont en nombre pair ; d'où il suit que dans l'esprit du législateur il faut que les comités soient composés de plus de 3 et de plus de 5. Si se trouvant réduit à ce nombre on ne peut s'entendre, il n'y aura pas grand mal à ajourner la question pour donner le temps de la réflexion et pour augmenter le nombre des membres du comité.

Les fonctions des notables qui font partie des comités dureront trois ans : ils seront indéfiniment rééligibles.

Art. 21. Le comité communal a inspection sur les écoles publiques ou privées de la commune. Il veille à la salubrité des écoles et au maintien de la discipline, sans préjudice des attributions du maire en matière de police municipale.

Il s'assure qu'il a été pourvu à l'enseignement gratuit des enfans pauvres.

Il arrête un état des enfans qui ne reçoivent l'instruction primaire ni à domicile ni dans les écoles privées ou publiques.

Il fait connaître au comité d'arrondissement les divers besoins de la commune sous le rapport de l'instruction primaire.

En cas d'urgence, et sur la plainte du comité communal, le maire peut ordonner provisoirement que l'instituteur sera suspendu de ses fonctions, à la charge de rendre compte, dans les vingt-quatre heures, au comité d'arrondissement, de cette suspension et des motifs qui l'ont déterminée.

Le conseil municipal présente au comité d'arrondissement les candidats pour les écoles publiques, après avoir préalablement pris l'avis du comité communal.

Art. 22. Le comité d'arrondissement inspecte, et au besoin fait inspecter, par les délégués pris parmi ses membres ou hors de son sein, toutes les écoles primaires de son ressort. Lorsque les délégués ont été choisis par lui hors de son sein, ils ont droit d'assister à ses séances avec voix délibérative.

Lorsqu'il le juge nécessaire, il réunit plusieurs écoles de la même commune sous la surveillance du même comité, ainsi qu'il a été prescrit à l'article 17.

Il envoie chaque année au préfet et au ministre de l'instruction publique l'état de situation de toutes les écoles primaires du ressort (1).

Il donne son avis sur les secours et les encouragemens à accorder à l'instruction primaire.

Il provoque les réformes et les améliorations nécessaires.

Il nomme les instituteurs communaux sur la présentation du conseil municipal, procède à leur installation, et reçoit leur serment.

Les instuteurs communaux doivent être institués par le ministre de l'instruction publique (2).

Art. 23. En cas de négligence habituelle, ou de faute grave de l'instituteur communal, le comité d'arrondissement ou d'office, ou sur la plainte adressée par le comité communal, mande l'instituteur inculpé ; après l'avoir entendu ou dûment

---

(1) Cet état doit être un relevé succinct des procès-verbaux et des rapports faits par les délégués ; il doit être signé du président et du secrétaire comme tous les autres actes du comité.

(2) Présentés par les conseils municipaux, nommés par les comités d'arrondissement, cette institution par le ministre est le résultat de la centralisation de tous les pouvoirs dans la main d'un ministre responsable. C'est, il faut en convenir, porter la centralisation un peu loin; on ne conçoit guère pourquoi cette investiture ne serait pas donnée par le recteur de l'académie, par le préfet ou le sous-préfet de l'arrondissement. Le préfet nomme le maire et les adjoints, l'évêque nomme le curé ou desservant, et il faut recourir au ministre pour la nomination du maître d'école qui peut être suspendu par le maire dans les cas prévus par la loi, et révoqué par le comité.

Cette révocation par le comité et cette nomination par le ministre qui ne peut rien sans le comité, est une disposition assez singulière; mais elle l'est moins encore que celle qui donne à l'instituteur frappé d'une révocation le droit de se pourvoir devant le ministre en conseil royal. Qu'arrivera-t-il de ce pourvoi? Que le ministre et le conseil royal confirmeront ou annuleront la révocation. S'ils confirment, ils feront une chose inutile pour l'instituteur, inutile pour le comité, inutile pour le conseil municipal; s'ils annulent, ils feront une chose pernicieuse, car on n'admettra jamais ni dans la commune ni dans l'arrondissement que le comité se soit trompé et qu'un chef de bureau qui ne connait ni les lieux, ni les hommes, ni les faits, ait vu plus clair que le comité local et le comité d'arrondissement. Le pourvoi n'aurait donc dû être admis tout au plus que dans le cas où les deux comités seraient d'avis différens.

appelé, il le réprimande ou le suspend pour un mois avec ou sans privation de traitement, ou même le révoque de ses fonctions.

L'instituteur frappé d'une révocation pourra se pourvoir devant le ministre de l'instruction publique, en conseil royal. Ce pourvoi devra être formé dans le délai d'un mois, à partir de la notification de la décision du comité, de laquelle notification il sera dressé procès-verbal par le maire de la commune. Toutefois, la décision du comité est exécutoire par provision.

Pendant la suspension de l'instituteur, son traitement, s'il en est privé, sera laissé à la disposition du conseil municipal, pour être alloué, s'il y a lieu, à un instituteur remplaçant.

Art. 24. Les dispositions de l'article 7 de la présente loi, relatives aux instituteurs privés, sont applicables aux instituteurs communaux.

Art. 25. Il y aura dans chaque département une ou plusieurs commissions d'instruction primaire, chargées d'examiner tous les aspirans aux brevets de capacité, soit pour l'instruction primaire élémentaire, soit pour l'instruction primaire supérieure, et qui délivreront lesdits brevets sous l'autorité du ministre. Ces commissions seront légalement chargées de faire les examens d'entrée et de sortie des élèves de l'école normale primaire.

Les membres de ces commissions seront nommés par le ministre de l'instruction publique.

Les examens auront lieu publiquement et à des époques déterminées par le ministre de l'instruction publique. Voyez *Inspecteurs*.

Voyez aussi l'ordonnance du 16 juillet 1833, qui explique comment doit être exécutée la loi du 28 juin que l'on vient de lire.

§. IV. *Des Méthodes*.

Les esprits sont encore partagés sur la question de savoir laquelle des méthodes est la meilleure. Les uns, partisans de l'enseignement mutuel jusqu'à l'aveuglement, veulent l'appliquer à toutes les écoles; les autres, non moins aveugles, n'en veulent pas du tout; il n'y a pas plus de raison d'un côté que de l'autre. Il semble que jusqu'à présent on s'est bien plus occupé des maîtres que des élèves, des opinions que de l'instruction, ce n'est cependant pas sous ce rapport qu'il faut envisager la question. L'enseignement mutuel est bon, même professé par un frère de la doctrine; l'enseignement des frères est bon, même professé par un instituteur libéral : le tout est d'approprier à l'école où l'on veut s'établir celui qui lui convient le mieux eu égard à l'école. Voici sous ce rapport quelques principes que nous recommandons à l'attention des comités d'instruction primaire.

L'enseignement mutuel crée pour chaque classe un maître choisi parmi les enfans les plus capables auquel on confie la direction de l'instruction de la classe sous les yeux de l'instituteur dont le rôle est de surveiller les différens maîtres choisis. Elle suppose une école très-nombreuse, premier point à considérer; on en verra bientôt les conséquences.

L'enseignement simultané consiste dans la division des élèves en un certain nombre de classes d'après leur force respective. Ces classes passent successivement sous les yeux de l'instituteur lui-même, sans intermédiaire.

Quant à l'enseignement individuel, il est frappé de réprobation. Cependant si, indépendamment de toute circonstance d'application, on demande théoriquement quel est le meilleur principe de ceux qui font la base du mode individuel, du mode simultané, du mode mutuel, voici notre réponse :

L'enseignement *individuel* est en principe le meilleur. Quand un maître concentre sur un seul enfant toute la force de son attention, qu'il étudie ses dispositions naturelles, son caractère particulier, pour y approprier son enseignement, il a bien plus de chances de succès que lorsqu'il disperse ses soins sur des collections d'enfans appelées *classes* ou *divisions*. Mais, aussitôt que le nombre des enfans confiés à un maître devient si considérable que le temps même ne lui suffit plus pour donner à chaque élève les soins nécessaires, le mérite qui lui assurait, selon nous, l'avantage sur les autres, n'existe plus, le maître ne pouvant se multiplier assez pour se donner tout entier à l'instruction de tous.

Alors, faute de mieux, il est nécessaire qu'il imagine une combinaison économique pour ménager son temps et ses soins, de telle sorte que toute sa classe en profite. C'est alors que la méthode simultanée vient à son secours. Vos 30 élèves, dit-il au maître, à raison de six heures de classe par jour, ne pouvaient avoir tour-à-tour que dix minutes de leçon, et en deux fois : ces cinq minutes sont évidemment trop peu de chose, pour leur permettre quelques progrès. Dans ce nombre d'enfans, il y en a qui savent à-peu-près lire de la même manière, qui ont commencé ensemble à écrire ; faites-en des groupes peu nombreux, cinq divisions, par exemple : assignez-leur des lectures en commun, des travaux pareils, etc... Vous ne pouviez trouver en votre personne un maître pour chaque enfant, et par ce moyen vous aurez amené vos trente élèves à n'en plus représenter que six. Ce que votre enseignement aura perdu à ne plus s'adresser spécialement à chaque individu, il le retrouvera dans une force nouvelle créée par cette combinaison, l'émulation.

Dans ce système, il n'est point nécessaire que tous les enfans qui composent une division soient examinés chaque fois ; ceux qui n'auront pas été interrogés par le maître n'en auront pas moins profité des questions adressées à leurs camarades, des réponses faites par eux, de la comparaison des devoirs bons et mauvais, et d'ailleurs, sans trop se reposer sur de pareils aides, l'instituteur peut encourager les *premiers de table* en leur laissant le soin de corriger ceux que le temps n'a pas permis au maître d'examiner lui-même.

Mais il peut arriver un moment où la méthode simultanée à son tour devient insuffisante, et où le maître se trouve dans le même embarras qui lui a fait déserter le mode individuel. Qu'au lieu de soixante élèves il en ait cent à conduire. Le nombre de ceux qui composent chaque division s'étant considérablement accru, sans que la durée des classes ait pu s'accroître, il s'ensuit que les élèves qui passaient tous auparavant une fois tous les jours sous les yeux du maître, n'y seront plus appelés que tous les deux jours ; en un mot, l'action de l'instituteur sur chaque enfant s'éloigne, son enseignement perd de sa force. C'est alors qu'en désespoir de cause, il s'adresse à l'enseignement *mutuel*.

L'enseignement mutuel, poussé au degré de perfection dans les détails où l'ont porté les efforts vraiment louables de la société pour l'enseignement élémentaire, est une des mécaniques les plus ingénieuses qui aient jamais été appliquées à l'instruction de l'enfance. L'amateur qui se promène dans une école dirigée par ce mode d'enseignement, est émerveillé de ces évolutions précises, de ces marches et contremarches dont le principal mérite n'est pas de satisfaire ses yeux, mais d'assujettir à une règle la vivacité capricieuse des enfans, d'occuper leur activité physique et intellectuelle par le retour régulier des divers exercices dont se compose chaque classe ; mais si le curieux se retire charmé d'un pareil spectacle, et se hâte de déposer sur le registre, en sortant, le témoignage obligé de son admiration, le visiteur consciencieux qui, étudiant tous les procédés de cet enseignement, le manuel à la main, a pu observer avec quel art les inconvéniens ont été prévus et évités, l'ordre établi, le cadre rempli, les minutes comptées, la besogne tracée au maître, ne rend pas dans son cœur un hommage moins sincère aux efforts généreux des premiers protecteurs de cette méthode.

§. V. *Des Punitions*

Voici ce que l'on trouve à cet égard dans *le Guide des Ecoles primaires*, ouvrage où l'on reconnait les soins paternels d'un fonctionnaire qui ne croit pas déroger à sa dignité en traçant lui-même des règles de conduite aux instituteurs des campagnes.

C'est en occupant constamment tous les élèves, même les plus jeunes, c'est en exerçant pendant tout le temps de la classe une surveillance infatigable, que le maître parviendra facilement à maintenir l'ordre et la discipline sans beaucoup de punitions. Leur emploi habituel et trop fréquent dénote une mauvaise direction, et l'on peut dire, en général, que les écoles où l'on punit le plus souvent sont les plus mauvaises. Par *punition*, on entend tout ce qui est capable de faire sentir aux enfans la faute qu'ils ont commise, de leur donner de la confusion et du regret, et de servir par là d'expiation pour le passé, et de préservatif pour l'avenir.

L'instituteur mettra toute son attention à varier ses punitions, même pour des fautes semblables, afin d'appliquer celle qui conviendra mieux au caractère de chaque enfant.

Un bon moyen de prévenir les punitions, ou de les rendre plus sensibles, est celui-ci. Lorsqu'un élève vient à faillir, le maître lui indique, parmi les maximes écrites sur les cartons attachés au mur, celle qu'il a violée, et la lui fait lire à haute voix.

Le maître doit veiller attentivement sur lui-même quand il infligera une punition, pour ne jamais se laisser aller à la colère, ni donner aux élèves des noms injurieux; il sera sévère, mais calme; inflexible, mais sans dureté.

L'indiscipline, l'inapplication ou la mauvaise conduite seront punies chez tous les élèves, mais plus sévèrement dans les élèves surveillans, qui doivent le bon exemple à leurs camarades.

Toute punition corporelle est interdite. Les punitions, autres que celles qui suivent, devront être approuvées par le recteur sur la proposition du comité.

1°. La perte de la place obtenue dans les divers exercices;

2°. La privation ou la restitution d'un ou de plusieurs billets de satisfaction;

3°. La radiation du nom de l'élève de la liste d'honneur;

4°. La suspension ou la révocation des fonctions de surveillant;

5°. La privation d'une partie ou de la totalité des récréations, avec une tâche extraordinaire;

6°. L'écriteau de menteur ou d'indiscipliné, de bavard, de paresseux, etc., etc., désignant la nature de la faute. Les écriteaux collés sur de petites planches de sapin, ou sur des cartons, sont passés au cou de l'élève avec un cordon, et lui tombent sur le dos;

7°. La mise à genoux pendant une partie de la classe ou de la récréation;

8°. La retenue à l'école pendant l'intervalle des classes, et sous une surveillance spéciale : dans ce cas, un élève est chargé de prévenir les parens de celui qui est puni;

9°. La prison, qui sera une chambre suffisamment éclairée, facile à surveiller, où l'élève aura toujours à faire une tâche extraordinaire;

Il ne pourra jamais y avoir qu'un seul élève dans chaque prison;

10°. L'exclusion provisoire de la classe;

11°. L'exclusion définitive : dans ce cas, l'élève exclu ne pourra être admis dans aucune autre école, sans une autorisation particulière des surveillans spéciaux des écoles.

De tout ce qu'on vient de lire, il résulte que le gouvernement est entré, en 1828, dans les voies nouvelles qui peuvent accélérer les progrès de l'instruction populaire. La création d'un ministre de l'instruction publique a produit ce bienfait. On ne s'en tiendra pas là; nous avons fait de grands pas dans la carrière des améliorations, et la révolution de 1830 doit enfin nous donner tout ce que nous avons vainement espéré de la république, de l'empire et de la restauration : ce ne serait point assez pour le ministère, quel qu'il fût, que de relever l'instruction primaire, anéantie sous les coups de ses ennemis qui n'avaient que trop de raisons pour la proscrire; il devra la mettre à la portée de tout le monde. Il voudra sans doute aussi poser dans une loi les bases d'un bon système d'instruction publique, et faire cesser ainsi l'instabilité qui compromet depuis si long-temps les droits et l'existence même de l'université.

Il y aurait à cet égard beaucoup de choses à dire, mais ce serait sortir du cadre que nous nous sommes proposé. Nous nous bornerons à rapporter ici un passage d'une circulaire du ministre sur les rapports des instituteurs avec les familles dont les enfans lui sont confiés parce qu'il contient d'excellens conseils dont les maîtres d'école et les parens des élèves pourront également profiter. La bienveillance y doit présider, dit le ministre : si l'instituteur ne possédait la bienveillance des familles, son autorité sur les enfans serait compromise, et le fruit de ses leçons serait perdu pour eux. Il ne pourrait donc porter trop de soin et de prudence dans cette sorte de relation. Une intimité légèrement contractée pourrait exposer son indépendance, quelquefois même l'engager dans ces dissensions locales qui désolent souvent les petites communes. En se prêtant avec complaisance aux demandes raisonnables des parens, il se gardera bien de sacrifier à leurs capricieuses exigences, les principes d'éducation et de discipline de son école. Une école doit être l'asile de l'égalité, c'est-à-dire de la justice.

Nous allons terminer cet article par ce qui concerne les colléges royaux et communaux, qui, sous plus d'un rapport, doivent provoquer souvent l'attention des maires et des conseils municipaux, tant relativement aux sacrifices qu'ils imposent aux parens des élèves, que relativement aux avantages qui en résultent pour la population en général, et spécialement pour les communes où ces établissemens sont situés.

§. VI. *Des Collèges royaux et communaux.*

Ce sont les établissemens consacrés à l'enseignement des hautes études, telles que les lettres, l'histoire, la philosophie, les sciences mathématiques et physiques, etc., etc.

Les collèges royaux sont dirigés par un *proviseur*, et les collèges communaux par un *principal.*

Ils sont placés sous la surveillance immédiate d'un bureau d'administration composé du sous-préfet, président, du maire, et de trois notables au moins, nommés par le conseil de l'université. Le maire est le vice-président de ce bureau. (Art. 33, 36, 37 et 42 de l'ordonnance du 17 février 1815.

Les collèges royaux sont au nombre de trente. Il y a pour toute la France trois cent quinze collèges communaux. Ils contiennent à peu près en tout vingt-cinq mille élèves. Les communes paient un nombre de bourses communales proportionné à leurs facultés.

Le montant des sommes payées par les communes, dans l'intérêt de l'instruction publique, doit être colloqué dans leurs budgets parmi les dépenses fixes; il ne peut y être fait aucun changement sans que le conseil royal d'instruction publique ait été entendu.

Les communes fournissent, en outre, les fonds nécessaires à l'entretien des grosses réparations des édifices publics, nécessaires aux universités, facultés et collèges. (Art. 70 et 71 de l'ordonnance du 17 février 1815.)

Les conseils municipaux ont la nomination aux demi-bourses vacantes, à l'effet de quoi les *maires* présentent trois candidats pour chacune; l'autre moitié doit être donnée au concours. (Ordonnance du 12 mars 1817.) Le mode de la répartition des bourses ou portions de bourses, attribuées aux communes dans les collèges royaux, avait été réglé par une ordonnance du 25 décembre 1819; mais elle a été abrogée, en partie, par celles des 16 novembre 1821, 11 janvier 1826 et 28 août 1827. Voici les seules dispositions en vigueur:

Art. 13. Tout boursier qui, par suite de sa paresse ou de sa négligence habituelle, ne passerait pas, à la fin de chaque année scolastique, dans une classe supérieure, sera remis à ses parens.

Art. 14. Les retenues qui s'opéreraient sur les bourses vacantes, conformément au décret du 2 mai 1811, et à notre ordonnance du 12 mars 1817, ne seront plus exercées à l'avenir et à compter du 1er janvier 1820.

Art. 15. Les communes dont les fondations de bourses ont cessé d'être comprises dans le tableau de répartition ci-joint, et qui, par la suite, voudraient rétablir ces fondations, ou celles qui, à l'avenir, voudraient fonder une ou plusieurs bourses dans les collèges royaux, feront connaître leurs vœux, à cet égard, à notre ministre secrétaire d'État de l'intérieur; et, sur la proposition de notre commission royale de l'instruction publique, lesdites communes seront admises au bénéfice de la fondation, d'après les règles et aux conditions déjà établies.

Des difficultés s'étant élevées relativement à l'exécution de l'art. 10 de l'ordonnance ci-dessus, le ministre de l'intérieur a, par une circulaire du 19 juin 1820, fait observer que les communes, désignant seules les candidats qui concourent pour obtenir les bourses inférieures, les candidats, une fois admis, ont droit, par leur bonne conduite, au complément de leurs bourses, qui ne sont d'abord que de demi ou de trois quarts de pension; que cette récompense étant un prix proposé à leur émulation, les juges de ce prix ne peuvent être que les maîtres auxquels ils sont confiés; *que la commune qui a présenté ces candidats, et leur a ainsi donné le droit à une demi-bourse, leur a aussi donné le droit à une bourse entière*, s'ils se conduisent de manière à l'obtenir; qu'elle peut, sans doute, leur ôter ce droit, mais qu'elle ne peut en être juge, comme elle ne l'est pas du mérite des candidats qu'elle a autorisés à concourir, et qu'en conséquence il ne peut être question, dans l'article 10 de l'ordonnance, que de la première vacance de chaque bourse, et non de son complément, les conseils municipaux qui ne connaissent pas les progrès et la conduite de leurs boursiers, ne pouvant indiquer ceux à qui la pension entière doit être accordée.

Une autre ordonnance du 16 novembre 1821, qui contient réglement sur la nomination aux bourses, est ainsi conçue :

Art. 1er. Les bourses royales et communales pourront être données désormais à des élèves qui ne sont pas âgés de plus de douze ans, mais à la charge par ceux qui auront atteint cet âge de justifier qu'ils ont l'instruction nécessaire pour être admis à l'ouverture de l'année scolaire qui suivra, dans la classe de sixième.

Art. 2. Ces bourses pourront être aussi conférées à des élèves plus âgés qui seraient pensionnaires depuis l'âge de douze ans dans un collége de l'Université, et qui auraient une instruction proportionnée à leur âge.

Art. 3. La nomination aux bourses communales sera faite par le conseil municipal de la ville qui paie lesdites bourses. Cependant les élèves nommés ne seront admis que d'après un examen qui constatera qu'ils ont le degré d'instruction nécessaire pour entrer dans la classe qui correspond à leur âge. Notre conseil royal de l'instruction publique déterminera les formes et les conditions de cet examen.

Art. 4. Dans le cas où un sujet nommé ne serait pas jugé avoir le degré d'instruction convenable, le conseil municipal, sur l'avis qui lui en aura été donné par le recteur de l'académie, devra nommer, dans le délai d'un mois, un autre sujet qui remplisse les conditions exigées.

Art. 5. Toutes les dispositions de notre ordonnance du 25 novembre 1819, auxquelles il n'est pas dérogé par les présentes, sont maintenues.

L'ordonnance du 11 février 1826 ne s'applique qu'aux bourses supérieures. Elle porte :

Art. 1er. Les bourses supérieures de nos colléges royaux devant être des récompenses propres à exciter l'émulation des jeunes élèves, il ne pourra, hors le cas prévu dans l'art. 10 de l'ordonnance du 25 décembre 1819, être disposé des bourses supérieures entretenues par les communes qu'en faveur des *titulaires des bourses inférieures* fondées par les mêmes communes, qui se seront le plus distingués par leurs progrès et leur bonne conduite.

Art. 2. Les promotions seront faites en conseil royal de l'instruction publique, sur l'avis des proviseurs et le rapport des recteurs.

Celle du 28 août s'applique aux bourses royales et communales, d'après une circulaire du 8 novembre 1827.

INSTRUMENS ARATOIRES. — Les ustensiles, ni les bestiaux servant à l'exploitation, ne peuvent être saisis pour contributions. Ils ne sont saisissables qu'au profit de la personne qui les a fournis, ou pour fermages dus au propriétaire des terres.

L'article 388 du Code Pénal prononce la peine de la réclusion contre ceux qui ont volé, dans les champs, des instrumens d'agriculture; mais l'art. 2 de la loi du 25 juin 1824 a mis ce fait au nombre des délits punis par l'art. 401.

La destruction de ces instrumens est punie d'un emprisonnement d'un mois au moins, et de deux mois au plus, sans préjudice des dommages-intérêts. (Art. 451 du C. P.)

Lorsqu'un cultivateur s'est aperçu du vol ou de la destruction d'une charrue, il doit en faire la déclaration chez le juge de paix ou le maire de sa commune, qui en dresse procès-verbal.

INSUBORDINATION. — §. 1er. La peine prononcée pour insubordination atteint tout aussi bien les officiers que les gardes nationaux; il est même des cas où tel fait caractéristique de ces insubordinations pour un officier aurait moins de gravité pour un simple garde national. La cour de cassation a admis à cet égard des principes d'une grande rigueur qui ne sont cependant que des principes de justice. Voyez les arrêts rapportés en note sur les art. 83, 87, 89 et 90 de la loi sur la garde nationale.

§. 2. La même cour a aussi jugé, le 22 mars 1833, qu'un officier commandé pour une revue, qui y assiste comme simple spectateur, se rend coupable d'insubordination susceptible d'être punie de 2 jours de prison. Voyez *Conseil de discipline*, §. 18.

INVENTIONS. — Toute découverte ou nouvelle invention, dans tous les genres d'industrie, est la propriété de son auteur : en conséquence, la loi lui en garantit la pleine et entière jouissance, suivant le mode et pour le temps déterminé.

Tout moyen d'ajouter, à quelque fabrication que ce puisse être, un nouveau genre de perfection, sera regardé comme une invention.

Quiconque apportera le premier en France une découverte étrangère, jouira du même avantage que s'il en était l'inventeur.

Celui qui voudra conserver ou s'assurer une propriété industrielle sera tenu,

1°. De s'adresser au secrétariat de la préfecture de son département, et d'y déclarer, par écrit, si l'objet qu'il présente est d'invention, de perfection ou seulement d'importation;

2°. De déposer, sous cachet, une description exacte des principaux moyens et procédés qui constituent la découverte, ainsi que les plans, coupes, dessins et modèles qui pourraient y être relatifs, pour, ledit paquet, être ouvert au moment où l'inventeur recevra son titre de propriété. (Loi du 31 décembre 1790.)

Lorsque le propriétaire d'un brevet sera troublé dans l'exercice de son droit privatif, il devra se pourvoir devant le juge de paix, qui entendra les parties et les témoins, et ordonnera les vérifications nécessaires. Son jugement sera exécuté nonobstant appel. (Art. 10 et 11 de la loi du 25 mai 1791.)

Tout concessionnaire de brevet obtenu pour un objet que les tribunaux ont jugé contraire aux lois, à la sûreté publique ou aux réglemens de police, est déchu de son droit, sans pouvoir prétendre d'indemnité, sauf au ministère public à prendre, suivant l'importance du cas, telles conclusions qu'il appartiendra ; et, en outre, sauf les dommages-intérêts des parties qui auraient pu souffrir de l'existence de cet établissement.

Le certificat de demande d'un brevet d'invention est donné par le ministre de l'intérieur ; les brevets sont ensuite délivrés par le gouvernement, et promulgués dans le Bulletin des Lois. Chaque expédition contient l'annotation suivante : « Le gouvernement, en « accordant un brevet d'invention sans examen préalable, n'en- « tend garantir, en aucune manière, ni la priorité, ni le mérite, « ni le succès d'une invention » ; précaution très-sage, sans laquelle tous les intrigans prendraient des brevets pour se faire valoir et tromper le public, en se targuant de la protection du gouvernement, comme preuve de la bonté de leur invention. (Article 2 du décret du 27 septembre 1808.)

Lorsque les porteurs de brevets se permettent de changer ou modifier, dans des avis, prospectus ou catalogues, les termes dans lesquels ces brevets sont conçus, les maires et commissaires de police doivent en informer l'autorité supérieure.

IRRIGATION. — §. 1er. Il est de principe, en matière de servitude de cours d'eau, que le propriétaire inférieur ne peut point empêcher l'écoulement, et que le propriétaire supérieur ne peut rien faire pour aggraver la servitude du fonds inférieur. Il est également de principe que celui qui a une source dans son fonds peut en user à sa volonté. (Art. 640 et 641 du Code Civil.)

§. 2. Personne ne peut s'approprier l'usage des eaux destinées à la navigation, soit en les obstruant par des constructions, soit en les affaiblissant par des dérivations pour usines ou pour irrigation. Mais il en est autrement des autres eaux courantes qui, aux termes de l'art. 714 du Code Civil, n'appartiennent à personne et sont d'un usage commun à tous. L'art. 944 du même Code donne la mesure du droit qu'a le propriétaire riverain d'une eau courante de s'en servir, à son passage, pour l'irrigation de ses propriétés.

§. 3. L'irrigation des fonds ne doit prendre que l'eau nécessaire à leur fécondité ; de là, une foule de procès ruineux que l'on préviendrait presque toujours, si l'on savait s'entendre sur le réglement d'eau ; de là, des querelles intestines de propriétaire à propriétaire, de commune à commune.

Dans les pays de montagnes, où les irrigations sont si importantes et si soignées, il se commet plus de crimes en une année, par suite de difficultés de cette nature, qu'en dix ans par suite de procès ordinaires. L'administration ne saurait donc apporter trop de soin pour entretenir le libre cours des eaux et faire entretenir les digues, les ponts, le curage des rivières et ruisseaux. Elle ne peut pas faire des réglemens sur les droits de particulier à particulier : toutes les contestations, à cet égard, doivent être jugées par les tribunaux ; mais elle peut faire des réglemens sur les droits communs à la totalité des hameaux ou communes, en ce qui touche notamment les fontaines, lavoirs, abreuvoirs, etc. (V. §. 5 et 6.)

§. 4. Il est difficile de donner des règles générales de dédes moyens de se soustraire aux réglemens de police. Ils trouveraient d'autant plus facilement des complices, que ceux-ci ne sont passibles d'aucune peine; et les infractions aux réglemens auraient d'autant plus de danger pour l'ordre public, que la police n'aurait aucun moyen de surveillance. Mieux vaudrait admettre l'ouverture permanente des lieux publics, parce que l'on pourrait au moins s'assurer qu'il ne s'y passe rien de contraire aux lois et aux bonnes mœurs.

§. 10. Nous terminerons par trois arrêts du 6 décembre 1833 et par un 4e du 30 du même mois, qui décident que l'ordonnance municipale portant, que nul ne peut tenir une maison de jeu sans avoir obtenu une autorisation, est légale et obligatoire, et que le contrevenant est passible des peines prononcées par l'art. 471 du Code pénal.

§. 11. Un arrêt plus récent a été plus loin: il reconnaît à un maire le droit de défendre dans les lieux publics toute espèce de jeu, et que cette prohibition peut atteindre même les jeux de piquet et d'écarté. Cet arrêt, basé sur les lois des 24 août 1790 et 22 juillet 1792, est du 22 avril 1837.

§. 12. Il faut enfin faire remarquer que, la législation nouvelle ayant supprimé les loteries depuis 1836 et les maisons de jeu, à partir du 1er janvier 1838, malgré les 18 à 20 millions qu'elles rapportaient à l'état, c'est le cas plus que jamais, pour l'autorité municipale, d'extirper le mal partout où il se manifeste.

JOURNAL. — Un administrateur qui ne verrait dans ce mot que la feuille éphémère qui répand avec la promptitude de l'éclair la vérité, l'erreur ou la lumière, aurait une bien fausse idée de la puissance de la presse. Un journal est l'écho d'un parti politique. Né de l'intérêt particulier, il s'adresse à tous les intérêts particuliers de ses abonnés, et sa force ou sa faiblesse dépend du nombre de ses lecteurs qui ne le soutiennent que parce qu'il coopère avec eux à l'établissement ou à la défense des doctrines qu'ils professent. Que le journal fasse l'opinion ou qu'il l'exprime, peu importe; il suffit qu'il la propage pour qu'il soit utile ou nuisible. Un journal répandu est une véritable tribune à la portée de tout le monde; il en a les avantages pour le bien qu'il peut produire; il est plus dangereux quant au mal qu'il peut faire, parce que la feuille qui porte au loin les alarmes, le mensonge et la diffamation, n'est point celle qui contient en même temps le remède à ces maux des sociétés nouvelles.

La tribune réfute à l'instant; le journal ne réfute ou ne s'explique que plusieurs jours après; d'où il suit que celui qui a été frappé d'une nouvelle, pouvant ne pas lire le numéro qui la dément, peut rester sous le coup et n'en pas revenir.

Les dangers qui naissent de la publication des journaux les ont souvent fait proscrire, et les ont toujours soumis à des règles de responsabilité, tant à l'égard de l'État qu'à l'égard des particuliers et des corps constitués.

JOURNÉE DE TRAVAIL. — Ces expressions se retrouvent souvent dans les lois de l'Assemblée Constituante et des premières années de la République, pour indiquer un cens ou des amendes. La journée doit conséquemment être évaluée en argent.

La loi des finances, art. 28, porte que la valeur de la journée de travail ne peut, conformément à l'art. 5 de la loi du 23 décembre 1798, être au-dessous de 50 centimes ni au-dessus de 1 fr. 50 cent., et qu'elle doit être de nouveau réglée dans toutes les communes à raison de leur importance et des avantages dont elles jouissent, par les conseils généraux de département, sur la proposition des préfets. La loi du 21 avril 1832 fixe de nouvelles bases pour établir le prix de la journée de travail. (Voyez *Contributions directes*, §. 9, art. 10.)

JUGE D'INSTRUCTION. — Ce magistrat peut, dans tous les cas de flagrant délit, faire directement tous les actes attribués au procureur du Roi. Il peut recevoir les plaintes, mais seulement lorsqu'il s'agit d'un crime ou d'un délit, et non pas s'il s'agit d'une contravention. (Art. 59, 63 et 11 du C. d'Inst. criminelle.)

La journée de travail était autrefois un moyen de reconnaître la compétence des tribunaux de police simple; cette compétence est aujourd'hui déterminée par le Code Pénal, et s'élève jusqu'aux faits passibles de 15 fr. d'amende.

JUSTICE DE PAIX. (Voyez *Supplément*, n° 7.)

JUGEMENS DE POLICE MUNICIPALE. — Il suffit qu'ils soient rendus par le maire, en cas d'impossibilité par l'adjoint, sur les conclusions du ministère public; qu'ils énoncent les qualités des parties, le point de fait, les motifs, les termes de la loi appliquée, le dispositif; qu'ils soient prononcés en audience publique, datés et signés par le maire et le greffier, pour qu'ils soient valables, la loi n'exigeant aucune forme spéciale; mais il est bon, il est essentiel que le protocole sur lequel les jugemens sont rédigés soit le plus simple possible. (Art. 163, 164 du C. d'Inst. crim., arrêt du 15 février 1819. Voyez ci-dessous, §. 6.)

pour en verser le prix dans les mêmes caisses, lequel est tenu à la disposition des communes.

§. 3. Les préposés à la police des routes peuvent affirmer leurs procès-verbaux de contravention et de délits devant le maire ou l'adjoint du lieu, qui les adresse lui-même au sous-préfet, avec ses observations, s'il croit utile de les transmettre, pour éclairer ce fonctionnaire.

Il résulte d'une ordonnance du 8 août 1821, que les arbres plantés sur les bords des routes peuvent être abattus par les propriétaires riverains, après avoir obtenu l'autorisation du préfet du département dans lequel ils sont situés; reste à savoir ce qu'ils peuvent faire quand il plaît au préfet de refuser l'autorisation. Il serait à désirer qu'il y eût, à cet égard, des règles positives, et que les questions fussent décidées moins arbitrairement.

PLUS IMPOSÉS. — On appelle ainsi les contribuables qui figurent en première ligne sur les rôles et qui, quoiqu'ils ne soient pas membres du conseil municipal, y sont cependant admis dans certains cas, et notamment quand il s'agit d'impôts extraordinaires ou d'emprunts. L'article 42 de la loi du 18 juillet 1837, sur les attributions municipales, porte expressément que dans les communes dont les revenus sont inférieurs à 100,000 fr. toutes les fois qu'il sera question de contributions extraordinaires ou d'emprunts, les plus imposés aux rôles de la commune seront appelés à délibérer avec le conseil municipal en nombre égal à celui des membres en exercice.

En exercice signifie susceptibles de voter; en sorte que s'ils négligeaient ou refusaient d'exercer leurs fonctions, cela ne diminuerait pas le nombre des plus imposés.

POIDS ET MESURES. — L'uniformité des poids et mesures est un besoin social, qui, dans tous les temps, a été généralement senti. Beaucoup d'efforts ont été tentés pour l'établir en France; mais on n'y est pas encore parvenu, et peut-être n'y parviendra-t-on jamais, si le régime de la loi ne vient, en cette matière, combattre celui des ordonnances et des réglemens contradictoires.

Il y a sur cette matière une multitude de lois, d'arrêtés, de décrets, de décisions ministérielles et préfectorales qu'il est utile de connaître, mais qui ne peuvent trouver place ici. Nous nous bornons à faire connaître les lois fondamentales sur les poids et mesures. On trouvera, sous le mot *Poids public*, ce qui concerne les bureaux de vérification et de garantie des poids et mesures, et sous le mot *Mesure*, les règles reçues dans la pratique.

§. 1er. Le 1er août 1793, la Convention, convaincue que l'uniformité des poids et mesures est un des grands bienfaits qu'elle puisse offrir à la France, décréta qu'un nouveau système, fondé sur la division décimale, servirait uniformément dans toute la France.

L'article 7 de cette loi veut que, afin d'empêcher la dégradation des étalons, les corps administratifs nomment des inspecteurs pour assister à la communication que les artistes prendront de ces étalons, dans la vue de construire les instrumens de mesures et de poids à l'usage des citoyens.

Dès que les nouveaux étalons seront parvenus au district, dit l'article 8, toutes les municipalités seront tenues de faire construire des instrumens de mesure et de poids, qui resteront déposés à la maison commune.

L'article 10 chargeait l'Académie de composer des instructions simples sur la manière de se servir des nouveaux poids et mesures.

§. 2. Malgré toutes ces précautions, le nouveau système ne prit pas. Une loi du 18 germinal an III le simplifia;

Celle du 8 juillet 1837 l'a remis en vigueur et prononcé l'abrogation du décret de 1812, dont nous ne rapportons les dispositions que comme document historique. Voyez la loi nouvelle, supplément n° VI.

§ 3. Un arrêté du 3 nivôse an VI étant resté sans exécution, il en intervint un autre du 29 brumaire an VII, plus une proclamation du 19 germinal suivant, qui fut suivie d'un tableau des noms des mesures de capacité, pour la vente des grains et autres matières sèches, avec leur rapport aux anciennes.

C'était une bonne mesure administrative, mais elle ne devait être que temporaire.

La loi du 28 messidor an VII prescrivit l'usage des nouvelles mesures dans douze départemens des environs de Paris; elle voulait, par son article 8, que les administrations municipales fissent rédiger des tableaux de comparaison des anciennes mesures en usage pour le bois de chauffage, avec les nouvelles, et qu'ils fussent affichés dans les forêts et les chantiers.

Elle voulait aussi, article 10, que les administrations municipales commissent un citoyen versé dans la connaissance des conduisent presque partout avec une imprudence extrême; parce qu'enfin les voyages se faisant souvent de nuit, il est fort difficile d'exercer une surveillance réelle sur une multitude de voitures.

Voici toutefois un extrait de l'ordonnance du 16 juillet 1828 qui abroge celle du 4 février 1820, et qui intéresse éminemment tous les voyageurs et entrepreneurs.

§. 13. Les propriétaires ou entrepreneurs de voitures publiques allant à destination fixe se présenteront dans la quinzaine de la publication de la présente ordonnance, dans le département de la Seine, devant le préfet de police, et dans les autres départemens, devant les préfets ou sous-préfets, pour faire la déclaration du nombre de places qu'elles contiennent, du lieu de leur destination, du jour et de l'heure de leur départ, de leur arrivée et de leur retour, à peine d'être poursuivis conformément à l'article 3, titre III, de la loi du 29 août 1790.

Toute nouvelle entreprise est soumise à la même déclaration. (art. 1er.)

§. 14. Aussitôt après la déclaration, les préfets et sous-préfets ordonneront la visite desdites voitures par des experts nommés par eux, afin de constater si elles sont entièrement conformes à ce qui est prescrit par la présente ordonnance, ou si elles n'ont aucun vice de construction qui puisse occasionner des accidens.

Dans le cas où les voitures actuellement en circulation seraient reconnues avoir dans leur construction des défectuosités assez graves pour amener des accidens, le préfet, après avoir entendu les experts, pourra en défendre la circulation, jusqu'à ce que ces défectuosités aient été corrigées.

Les entrepreneurs auront, dans tous les cas, la faculté de nommer, de leur côté, un expert qui opérera contradictoirement avec ceux de l'administration.

Le préfet prononcera au vu du rapport des experts.

Les visites des voitures ne pourront être faites qu'au principal établissement de chaque entreprise. (art. 2.)

§. 15. Chaque voiture portera à l'extérieur le nom du propriétaire ou de l'entrepreneur et l'estampille délivrée par l'administration des contributions indirectes. (Art. 4.)

Elle portera dans l'intérieur l'indication du nombre de places qu'elle contient, ainsi que le numéro et le prix de chaque place du lieu du départ à celui de la destination.

Les propriétaires ou entrepreneurs de voitures publiques ne

pourront y admettre un plus grand nombre de voyageurs que celui que porte l'indication ci-dessus. (Art. 5.)

§. 16. Les propriétaires ou entrepreneurs de voitures publiques tiendront registre du nom des voyageurs qu'ils transporteront. Ils enregistreront également les ballots, malles et paquets dont le transport leur sera confié.

Copie de cet enregistrement sera remise au conducteur, et un extrait, en ce qui le concerne, sera pareillement remis à chaque voyageur avec le numéro de sa place.

Les registres, dont il s'agit au présent article, seront sur papier timbré, cotés et paraphés par le maire.

Les conducteurs de voitures publiques ne pourront prendre en route aucun voyageur, ni recevoir aucun paquet sans en faire mention aux feuilles qui leur ont été remises au lieu du départ. (Art. 6.)

§. 17. Les voitures publiques seront d'une construction solide et pourvues de tout ce qui est nécessaire à la sûreté des voyageurs.

Les propriétaires ou entrepreneurs seront poursuivis à raison des accidens arrivés par leur négligence, sans préjudice de leur responsabilité civile, lorsque les accidens auront lieu par la faute ou la négligence de leurs préposés. (Art. 8.)

§. 18. Il ne pourra être attaché aucun objet ni autour de l'impériale, ni en dehors du couvercle incompressible ou de la bâche. (Art. 16.)

§. 19. Il est ordonné à tout gendarme en fonctions de s'arrêter dans sa tournée à chaque pont à bascule qui se trouvera sur sa route, de recevoir les déclarations que les préposés auraient à lui faire, et de se charger des procès-verbaux des délits qui auraient été commis contre eux pour les déposer au greffe. (Art. 22.)

Dispositions générales.

§. 20. Conformément aux dispositions de l'article 16 du décret du 28 août 1808 et de l'ordonnance de 1820, les rouliers, voituriers, charretiers, continueront à être tenus de céder la moitié du pavé aux voitures des voyageurs sous les peines portées par l'article 375, n° 3, du Code pénal. (Art. 34.)

§. 21. Une ordonnance du 11 septembre 1822 statue par voie d'interprétation législative sur le sens de l'art. 1er de la loi du 25 ventsoe an XIII, que par voiture *non suspendue* on doit entendre celle dont la caisse est entièrement adhérente au train et au brancard, et n'est susceptible d'aucun balancement. Voy. SUPPLÉMENT, N° VI, loi sur le roulage.

Le bureau, ayant pris connaissance de cet arrêt, a pensé qu'il donnait au réclamant le même droit que son inscription sur la liste, et il a décidé que, conformément à l'art. 46 de la loi électorale, ledit sieur B.... serait admis à voter.

Autre incident.

Pendant que s'effectuait le dépouillement des bulletins, le sieur G.... s'est tenu constamment derrière le fauteuil du président, et a pris plusieurs fois des notes relativement aux noms proclamés; puis au moment où le résultat des votes a été annoncé, il a prétendu que plusieurs noms fort mal écrits avaient pu induire en erreur le président et les scrutateurs. Que comme la majorité n'est que de peu de voix, et qu'elle a même changé depuis hier, puisque M. A ... avait une voix de plus que M. B.... tandis que M. B.... en a aujourd'hui trois de plus que M A...., il pense qu'il serait juste de relire les noms des deux concurrens, et de vérifier s'il n'y a pas erreur.

Plusieurs électeurs ont combattu cette proposition.

Mais le bureau, après en avoir délibéré, considérant que les inconvéniens qui peuvent résulter d'un second dépouillement ne peuvent être mis en comparaison avec celui qui résulterait d'une erreur aussi importante que celle signalée, a ordonné que le dépouillement serait recommencé, et que tous les bulletins mal écrits seraient examinés par le président et deux scrutateurs. Il est résulté de cette mesure que trois noms presque illisibles avaient effectivement causé une erreur dans le premier dépouillement; mais que ces bulletins, considérés attentivement portaient le nom de M. B...., et non pas celui de M. A....; d'où il suit que la majorité du premier s'est accrue de trois suffrages. En conséquence M. B.... a été proclamé député.

Beaucoup d'autres incidens peuvent se présenter; ils sont tous jugés de la même manière que ceux ci-dessus rapportés; la décision est prononcée séance tenante, et mentionnée au procès-verbal. (Art. 57.)

Nota. Il y a dans toutes les préfectures des modèles de procès-verbaux qui sont adressés aux présidens des colléges électoraux; mais on a pu voir, lors de la vérification des pouvoirs de la Chambre, combien ces modèles laissent à désirer.

Il est des colléges où l'on fait un procès-verbal séparé, pour chaque séance; d'autres où l'on met tous les procès-verbaux à la suite les uns des autres, en répétant dans chacun tout ce que nous avons dit dans le n° 58. C'est peine inutile. Il suffit évidemment que le procès-verbal de la première séance contienne l'énonciation de toutes les formalités voulues par la loi, et d'annoncer dans les autres procès-verbaux qu'elles ont été remplies.

N° 62.

Arrêté sur la police des chemins communaux.

Nous maire, etc., considérant qu'il importe de maintenir aux chemins vicinaux et communaux la largeur et la viabilité prescrite par la loi; que d'après les procès-verbaux de délimitation des chemins de notre commune, les chemins conduisant de ville à ville doivent avoir six mètres, ceux de village à village cinq mètres, ceux de l'intérieur de la commune quatre mètres; que plusieurs propriétaires riverains ont commis des usurpations sur différens chemins des diverses classes; que d'autres les ont obstrués, détériorés, dégradés, soit en y déposant des matériaux, des pierres ou cailloux, soit en y creusant des fossés ou de toute autre manière, avons arrêté ce qui suit :

Art. 1er. Tous les propriétaires qui ont usurpé sur la largeur des chemins sont tenus de se retirer et de leur rendre le terrain usurpé dans le délai de quinzaine à partir de la publication du présent arrêté.

Art. 2. Ceux qui y ont jeté ou déposé des pierres ou cailloux sont tenus, dans le même délai, de les enlever ou de les briser et les étendre dans les lieux où ils peuvent être nécessaires.

Art. 3. Les haies, trognes, ormeaux, arbres fruitiers qui gênent le passage seront élagués sur l'alignement donné par nous et dans le délai qui sera fixé selon la nature des arbres.

Art. 4. Les contraventions au présent arrêté seront constatées par qui de droit, et les contrevenans cités en tribunal de simple police pour être condamnés conformément à la loi.

Fait en mairie, le....

N° 63.

Nous maire, etc.... considérant que malgré plusieurs invitations verbales faites au sieur....... de se conformer à notre arrêté du.... (voyez n° 62) il n'y a pas obtempéré, vu l'article 479 du Code pénal, n° 11, qui porte : « seront punis d'une « amende de 11 à 15 francs, ceux qui auront dégradé ou détérioré de quelque « manière que ce soit les chemins publics ou usurpé sur leur largeur. »

Considérant que le chemin de........ est placé dans la classe (1ere, 2e ou 3e) et doit avoir une largeur de.... mètres; que par suite d'usurpation, il est réduit à devant la propriété du sieur....... située à.. .. que ledit sieur en ne rétablissant pas le chemin dans la largeur déterminée ci-dessus, a commis une contravention qu'il importe de réprimer; ordonnons que ladite contravention sera constatée par..... dans le délai de 24 heures et le procès-verbal transmis avec le présent arrêté au ministère public près le tribunal de police pour être procédé ainsi qu'il appartiendra en exécution de l'art. 145 du Code d'instruction criminelle.

Fait en mairie.

N° 64.

L'an , le je soussigné garde champêtre de la commune de...... sur l'ordre de M. le maire, me suis transporté au lieu dit..... à l'effet de constater une usurpation sur le chemin public de...... faite par..... propriétaire du champ qui jonte ledit chemin; ou étant et lui dûment appelé j'ai reconnu que ledit chemin n'a plus qu'une largeur de..... mètres, et que les terres nouvellement labourées avancent de..... mètres, hors de leur ancienne limite. Ledit sieur.... interpellé de déclarer si c'est par son fait ou par son ordre que l'anticipation a été commise, a répondu sur quoi je lui ai déclaré procès-verbal. (*Si le contrevenant ne comparaît pas, on dira :* ledit sieur.... ne s'étant pas présenté; je me suis rendu à son domicile, et lui ai déclaré procès-verbal.)

Voyez Réglement général SUPPLÉMENT N° IV.

FIN DE L'APPENDICE.

www.ingramcontent.com/pod-product-compliance
Ingram Content Group UK Ltd.
Pitfield, Milton Keynes, MK11 3LW, UK
UKHW020526180726
13839UKWH00005B/2340

9 782329 436029